LA RÉVOLUTION

POËME

Par Constant HILBEY

CHANT SEPTIÈME

GENÈVE

IMPRIMERIE CAREY FRÈRES, VIEUX-COLLÉGE, 3

Août 1868

LA RÉVOLUTION

CHANT SEPTIÈME

Ce peuple dont le sang vient encor de couler,
Épargne l'ennemi qu'il pourrait immoler.

La révolution, ô peuple, est ton ouvrage,
Toi qui n'as recueilli que misère et qu'outrage!
Tu sais, bravant les maux et bravant le trépas,
T'immoler pour un bien que tu ne verras pas.
Toi qui prends la justice et nos droits pour étude,
Des calomniateurs l'infâme multitude
Viendra défigurer ton travail généreux
Pour en ensevelir les monuments fameux.
On saura travestir tes dévoûments sublimes,
Transformer tes efforts et tes vertus en crimes,

T'attribuer l'horreur d'affreux déchirements;
Révèle-nous, tes vœux peuple, dans ces moments :

« Au lieu de ces châteaux, de ces landes stériles,
« Tu vois partout briller des campagnes fertiles,
« Et partout s'élever, sur un sol enchanteur,
« Des asiles riants et faits pour le bonheur.
« Mais ce qui te ravit, ce que ton cœur admire,
« Tu vois à l'équité la liberté sourire,
« Et des peuples heureux sous l'empire des lois [1]; »
C'est de l'humanité le bonheur que tu vois.

Mais tandis que ton âme à ces pensers s'élève,
Peuple, tes ennemis forment un autre rêve :
Le canon, les boulets, les supplices affreux,
Voilà, voilà pour toi le plus doux de leurs vœux.
Ravager les moissons, incendier les villes [2],
Voilà pour eux les biens et les terres fertiles!
Plutôt que l'équité règne dans l'univers,
Où tu vois le bonheur ils rêvent des déserts [3]:

[1] *L'Ami du Peuple.* N° CXLIII.

[2] Plan de l'opération des forces coalisées (*Moniteur*, 1er Septembre 1792.)

[3] Plan de l'opération des forces coalisées.

Ils rêvent ta défaite, et déjà se déclare
Entre les rois ligués une union barbare,
Ils comptent les martyrs, et déjà les États
S'entendent pour fermer tout refuge à tes pas [1].

Le peuple à sa victoire ajoute un grand exemple,
Les traîtres sont aux fers et Louis est au Temple [2].
De mille trahisons le secret odieux,
Aujourd'hui découvert, éclate à tous les yeux.
Le peuple a pénétré ces horribles mystères,
Il voit les instruments de ses longues misères;
Son âme se soulève, et ses bras aguerris
Des insignes royaux font voler les débris!
Les honteux monuments, les bustes, les emblèmes,
Sous son marteau vengeur disparaissent d'eux-mêmes;
Il n'a pas oublié, de tout crime ennemi,
La cloche qui tinta la Saint-Barthélemy [3] !

[1] Plan de l'opération des forces coalisées.

[2] « Il a fallu que la Section de Mauconseil demandât que Louis Capet fût en otage avec sa famille, pour que cette mesure salutaire, que je ne cessais de proposer depuis si longtemps, fût décrétée. » (*L'Ami du Peuple*, 13 Août 1792.)

[3] « La Commune a arrêté que la cloche d'argent du palais et celle de Saint-Germain-l'Auxerrois, qui ont donné le signal de la Saint-Barthélemy, seraient brisées. » (*Moniteur*, 26 Août 1792.)

Mais voyez des tyrans les trames éternelles !
Sous le nom d'émigrés des bandes criminelles
Ont de mots spécieux masqué leurs attentats,
Et contre leur pays soulevé les États.
Complices de Louis, sur leur patrie en larmes,
Ces monstres vont tourner leur fureur et leurs armes ;
Vont lui jeter l'outrage et déchirer son sein,
De dignités, de biens, eux comblés par sa main !

Peuple, ces fils ingrats ont renié leur mère,
Cette mère, entends-tu, qui te fut toujours chère,
Qui n'eut pour toi ni rang, ni dignités, ni biens,
Qui t'avait retranché du rang des citoyens...
Peuple, dont on a vu l'existence flétrie,
O vous! vrais citoyens, défendez la patrie!

« L'ennemi! l'ennemi sous les murs de Verdun!
« Aux armes!... citoyens [1] ! »

[1] Proclamation et arrêtés du *Conseil général de la Commune*, relatifs à la défense de Paris, affichés sur tous les murs, le 2 Septembre 1792, et portant : « Le canon d'alarme sera tiré à l'instant, la générale sera battue pour annoncer les dangers de la patrie. » (*Moniteur* du 3.) Marat était à la Commune le 2 Septembre; il n'en faisait point partie, mais il y avait été appelé par la confiance du peuple.

Dans ce péril commun [1],
On entend le tocsin et le canon d'alarme,
Et chaque citoyen bondit, saisit une arme.
Peuple! quand tes drapeaux flottent de toutes parts,
Tes plus grands ennemis sont-ils sous tes remparts?
Ceux qui, par leurs complots, leurs noires perfidies,
Ont attiré sur toi ces troupes enhardies;
Ceux dont le crime éclate et n'est point châtié,
Ils sont là ces bandits qu'épargna ta pitié!
Oui, de sang innocent leurs mains sont encor teintes,
La cité, de leurs coups, garde encor les empreintes:
On voit se concentrer l'effort des factions,
Dans cet ardent foyer des conjurations.
Ici nouveaux complots, et là nouveaux outrages!
Un moment peut du Temple enlever les otages,
Et voir des conjurés, dans un dernier effort,
Le bras semer partout l'épouvante et la mort.
Peux-tu laisser, hélas! au milieu des alarmes,
Des femmes, des enfants et des vieillards sans armes?

[1] Le duc de Brunswick répondant au Conseil défensif de Verdun, en date du 31 Août 1792, avait dit que si la garnison ne livrait pas les portes de la ville et celles de la citadelle, elle serait soumise à une exécution militaire, et LES HABITANTS LIVRÉS A TOUTE LA FUREUR DU SOLDAT. (*Moniteur* 8 Septembre.)

Ces femmes, ces enfants veulent suivre tes pas...
Pour la France il s'agit d'être ou de n'être pas.
Peuple, tes ennemis, dans ces moments horribles,
Vont attirer sur eux des châtiments terribles!
De ces bourreaux ligués tu connais les desseins,
Et la patrie a mis son salut en tes mains[1].

Tyrans du monde entier, vous la première cause
De tous les maux cruels qu'à ce peuple on impose,
Un exemple est donné, contemplez ce tableau.....
Brunswick, regarde donc, et tiens bien ton drapeau!

L'ancien ordre est détruit, qui peut le méconnaître?
Mais vous, hommes nouveaux d'un ordre qui va naître,

[1] « Si la justice du peuple a été terrible, il est constant qu'il faisait éclater la plus grande joie quand il n'avait point à punir. L'innocent était délivré et porté en triomphe au millieu des cris de *vive la nation.* » (*Moniteur universel*, 6 Septembre 1792).

« Les événements désastreux des 2 et 3 Septembre ont été uniquement provoqués par le déni de justice du tribunal criminel qui a blanchi le cônspirateur Montmorin, par la protection qu'il annonçait ainsi à tous les autres conspirateurs, par l'indignation du peuple qui a craint de se voir esclave de tous les traîtres qui ont si longtemps causé ses désastres et ses malheurs. »

(MARAT. *Journal de la République*, 6 Octobre 1792).

Oh! ne relevez pas les abus du passé,
Car votre règne aussi pourrait être effacé.

Du peuple Souverain arborant la bannière,
Du plus grand des sénats va s'ouvrir la carrière.
Ces hommes devant qui tout va changer d'aspect,
Paraissent des erreurs ignorer le respect.
Ils vont, pour commencer, dans leurs grandes mesures,
Abolir le serment cette arme des parjures.
Au nom de République, au nom de Liberté,
Ils vont briser des rois le sceptre détesté.
Tressaillez d'allégresse ô peuples de la terre,
De l'égalité sainte ils vont proclamer l'ère!
Ils vont, vous invitant à de nobles combats,
Vous offrir et leur or et leur cœur et leurs bras!
Dans le temple des lois, jusqu'en ce sanctuaire,
On entend retentir la trompe militaire :

« — Sénateurs nous allons défendre nos foyers. »

« — Soldats de la patrie, ô vous jeunes guerriers,
« Ce ne sont plus les rois, vous venez de l'entendre,
« C'est votre liberté que vous allez défendre,
« Et vos seuls ennemis ce sont les oppresseurs.
« Allez jeunes soldats, et revenez vainqueurs! »

Des guerres des tyrans qui souillèrent l'histoire,
Les générations maudiront la mémoire;
Mais le monde à jamais redira tous tes pas,
C'est pour la Liberté, peuple que tu combats!

Mais n'est-il plus de fourbe, et n'est-il plus d'infâmes?
Un jour des imposteurs a-t-il changé les âmes?
N'est-il plus un cœur vil, celui qui, d'un ton fier,
Exalte les vertus qu'il conspuait hier?
D'anciennes factions, au sein du sénat même,
Veulent sauver Louis pour sauver son système,
Et pour la Liberté leur subite ferveur,
N'est qu'un moyen nouveau pour capter la faveur.
Pour ces grands citoyens dont le zèle s'étale,
Le doute est une offense, et la crainte un scandale!
On les voit, cependant, on les voit conspirer
Contre l'ordre et les droits que l'on doit consacrer;
Leurs moyens sont l'astuce et de sourdes menées
Pour semer la discorde en ces grandes journées,
Traverser du Sénat les utiles travaux,
Et jeter les esprits dans des piéges nouveaux

Et des ambitieux la race est-elle éteinte?
As-tu fait ce miracle, ô toi, Liberté sainte?

Non, toujours hypocrite et plagiaire heureux,
A côté de l'infâme, on voit l'ambitieux
Attendant avec art le jour, la circonstance,
La situation qui met en évidence,
Pour faire retentir hardiment aujourd'hui
La chose qui triomphe et qui n'est pas de lui,
Qu'il couvrit du silence, en politique sage,
Quant pour la proclamer il fallut du courage,
Braver l'opinion, braver le Châtelet;
Cet orateur qui tonne, alors était muet !

Mais l'homme qui lutta sans repos et sans trève,
Qui brava les poisons, le poignard et le glaive;
L'homme dont chaque mot s'accomplit aujourd'hui:
Les imprécations viennent tomber sur lui !
Au seul nom de Marat, j'entends gronder l'orage,
Et la Convention se soulève de rage! [1]
L'ostracisme pour lui, mais ce ne serait rien,
Et sa mort qu'on demande est un plus sûr moyen.

[1] 25 Septembre 1792. — Le 15, Marat avait écrit touchant la Convention : « Souvenez-vous que la bonté de ses opérations dépend uniquement de l'énergie que vous montrerez pour être libres, si vous êtes résolus à tout braver pour le devenir, vous le serez enfin, sous peu de jours. »

Robespierre, Danton sont des noms que l'on cite,
Pour masquer l'attentat que la haine médite [1]
« Ce sont des triumvirs! ce sont des dictateurs! »
Alors paraît Marat, au milieu des clameurs.
De l'horrible cabale il brave le tumulte.
Il supporte les cris la menace. l'insulte.

« J'ai beaucoup d'ennemis personnels parmi vous. »
L'assemblée à ces mots : *oui tous! oui tous! tous! tous!*
(Des rumeurs et des cris s'accroît la violence,
L'accusé cependant garde un profond silence.)
« J'ai beaucoup d'ennemis... (nouveaux cris de fureur)
« Eh bien, Messieurs, je les rappelle à la pudeur.
« Qu'ils cessent d'opposer des cris, des clameurs vaines,
« A l'homme qui brava les dangers et les peines,
« Qui n'eut que la patrie et l'équité pour but,
« Et qui s'est dévoué pour leur propre salut.

« Je rends grâce, Messieurs, je rends grâce à ces hommes
« Qui pour nous diviser jettent de vains fantômes,
« Et dont la main cachée attise les fureurs;
« Je rends grâce, Messieurs, à mes persécuteurs.

[1] Danton, dans sa défense, proposa la *peine de mort* contre quiconque proposerait la dictature; cette proposition appuyée par Robespierre, fut rejetée par la Convention.

« On accuse, Messieurs, Danton et Robespierre,
« A l'inculpation j'ai seul donné matière :
« Oui, seul j'ai proposé soit le triumvirat,
« Soit une dictature ou bien le tribunat [1],
« Comme le seul moyen d'écraser les coupables.
« Quoi ! des opinions sont-elles condamnables?
« J'ai soumis cette idée au jugement de tous,
« Voulez-vous m'asservir à penser comme vous,
« M'ôter la liberté que tous ici proclament?
« C'est dans l'ombre toujours que les complots se trament,
« J'ai proclamé mes vœux partout à haute voix;
« Jamais machinateur prêcha-t-il sur les toits?

« Que me reprochez-vous? Quand d'une cour perfide,
« Ivre de sang humain, et de carnage avide,
« On voyait les complots sans cesse renaissants,
« Et le faible courbé sous la main des puissants;
« Quand des juges pervers, quand des chefs sanguinaires,
« Quand de l'autorité les vils dépositaires,

[1] Après la fuite du roi, Marat avait conseillé dans l'*Ami du Peuple* du 22 et du 23 Juin 1791, une dictature limitée à quelques jours, non comme gouvernement, mais comme moyen d'atteindre les principaux conspirateurs qui s'opposaient à l'établissement d'un gouvernement libre. Comme gouvernement, il demandait un Conseil général exécutif, sans cesse sous la main du législateur, forcé lui-même de ne consulter que la voix publique.

« Les membres du Sénat, les ministres des lois,
« Ensemble conjurés, trahissaient à la fois;
« Quand du législateur le ministère auguste
« Protégeait le puissant pour enchaîner le juste;
« Quand on voyait pour nous un abîme s'ouvrir,
« Quand, enfin, la Patrie était prête à périr;
« Ah! qui de vous, Messieurs, m'eût alors fait un crime
« D'oser la retenir sur le bord de l'abîme;
« D'avoir, pour délivrer la France et les humains,
« Montré le seul moyen qui restait en mes mains?
« Le peuple s'est servi de ce moyen suprême,
« Pour sauver la Patrie, et dictateur lui-même,
« Il a sous son talon broyé son ennemi.
« De ces grands mouvements, moi-même j'ai frémi.
« Combien d'un dictateur l'action salutaire
« Eût prévenu de maux, de troubles sur la terre?
« Tout pouvoir arbitraire est par moi détesté,
« Je le voulais sans pompe et sans autorité,
« Enchaîné par les pieds, dépouillé de prestige;
« Et n'ayant qu'un mandat, le seul mandat, vous dis-je,
« De couper d'un seul coup tous les fils des complots,
« Pour sauver la Patrie, assurer son repos.
« Que n'a-t-on de cela reconnu la sagesse!
« Tous les penseurs, Messieurs, en sentent la justesse,
« Un jour des flots de sang vous montreront à tous...
« Vous ne m'entendez pas, eh bien, tant pis pour vous!

« Cent mille citoyens sont égorgés peut-être!
« Cent mille citoyens sont menacés de l'être!
« On verra l'anarchie, un stérile conflit,
« Et des troubles sans fin si le Peuple faiblit.
« Du nom d'ambitieux j'ai supporté l'outrage,
« Les misères, Messieurs, sont tout mon apanage;
« Ma conduite n'est pas d'un postulant, je croi,
« Regardez qui je suis, voyez, et jugez-moi.
« J'aurais pu mettre un prix à mon simple silence,
« Je serais gorgé d'or, je suis dans l'indigence;
« J'ai, bravant les périls, les maux, l'adversité,
« Le cou sur le billot prêché la vérité.
(Des acclamations, des bravos *frénétiques*,
Partent en ce moment des tribunes publiques.)
« Le voilà donc, le prix de toutes mes douleurs,
« Eh bien, je resterai pour braver vos fureurs!

« Cessons, Messieurs! cessons des luttes inutiles,
« Ne perdons point le temps en des débats stériles;
« D'un gouvernement libre, établissant les lois,
« Consacrez de ce peuple et le règne et les droits. »

On voit (tous les méchants sont glacés d'épouvante)
Le mensonge flétri, la vertu triomphante,
Ce Peuple, ce Sénat aiment la vérité;
Ce Peuple sera grand dans la postérité!

FIN DU CHANT SEPTIÈME

NOTE.

La première question qui occupa la *Convention nationale*, fut la prestation du serment civique ; après quelques observations le serment fut rejeté.

Lors de la fête de la fédération, en 1790, Marat seul, au milieu de l'enthousiasme général et au péril de sa vie, s'était élevé contre le serment.

Le 12 Juin 1790, il disait dans l'*Ami du Peuple* : « Quoi ! ce sont là ces hommes qui vont jurer avec vous de ne combattre que sous les drapeaux de la liberté, de vivre et de mourir pour la défense de la patrie? Insensés! Espérez-vous que le serment civique imposera silence à leurs passions, éteindra leur rage, enchaînera leurs bras, fera d'eux des hommes nouveaux? Que peut le serment sur des hommes pétris de fange? La crainte le placera sur leurs lèvres, mais leur cœur le démentira à l'instant, en s'engageant à vous défendre ils jureront votre perte, et ils s'efforceront de la consommer. Compter sur la foi du serment! hélas! ils la violeraient cent fois par jour, s'ils espéraient par là vous plonger dans la sécurité et vous égorger plus sûrement. »

Le 13 Juin 1790 : « Hommes bornés et vains, vous soupirez après cette fête pompeuse, où, rangés autour des autels de la liberté, vous ferez fumer l'encens, où vous jurerez à la patrie de vivre et de mourir pour elle, et où vous recevrez de ses plus cruels ennemis le même serment. »

Imprudents citoyens! vous frémiriez si vous pouviez pressentir les suites alarmantes de vos démarches inconsidérées, si l'avenir pouvait d'avance se développer à vos yeux. Apprenez donc qu'aujourd'hui encore vos lâches ennemis vous jouent comme ils vous ont joués tant de fois; apprenez qu'ils vous opposent sans cesse le même artifice, que ne pouvant vous réduire par la violence, ils cherchent à vous subjuguer par l'astuce, et que tout leur art consiste à enchaîner vos forces, à les diviser et à les tourner contre vous-mêmes, jusqu'à ce qu'ils aient trouvé le moment de vous écaser pour toujours »

Le 7 Juillet 1790, sur la formule du serment : (*Nous jurons de rester à jamais fidèles a la nation, à la loi et au roi*) « Vous n'y songez pas, hommes vains, corrompus, rampants et superbes! n'est-ce pas trop déjà d'avoir jusqu'ici souffert en silence que vous ayez sacrifié au monarque les intérêts des peuples, que vous lui ayez donné vous-mêmes de redoutables prérogatives, que vous ayez enchaîné vos commettants pour usurper la souveraine puissance, sans prétendre encore que nous consacrions stupidement tous vos attentats? Quoi, nous ferions le serment téméraire de maintenir tous vos décrets indistinctement, ceux du *veto* exécutif, de la loi martiale, du marc d'argent de la contribution directe exigée des indigents pour être citoyens actifs, ceux qui vous assurent une indépendance absolue de vos commettants, etc., et vous, soldats de la patrie... vous

vous engageriez à maintenir de tout votre pouvoir une constitution qui opérera infailliblement votre ruine si elle n'est promptement refondue sur les principes éternels de la justice et de la liberté. Faire un pareil serment serait vous déclarer les satellites de ces traîtres, qui depuis trois mois asservissent l'assemblée nationale; ce serait prêter vos mains pour favoriser les brigandages de la ferme, pour enchaîner vos infortunés concitoyens et consommer la ruine publique. Non, non, vous ne vous lierez point par ce serment criminel; mais en promettant fidélité à la nation, vous vous engagerez à défendre jusqu'au dernier soupir les droits sacrés de l'homme et du citoyen. »

Le 10 Juillet 1790 : « Peuple frivole et inconsidéré, tu t'amuses à de vains spectacles lorsqu'on machine ta perte. Que te font les préparatifs de cette fête pompeuse qui absorbent ton attention, te rendront-ils l'abondance? Que te font ces vains serments de fraternité, assureront-ils ton repos? Que te fait ce pacte fédératif, te donnera-t-il la liberté? Ah! pourquoi accourir des extrémités du royaume, jurer sur un autel dressé à tant de frais, de vivre et de mourir pour la patrie! ce serment est dans le cœur ou il n'est nulle part; il doit y être toujours, ou il n'y sera jamais. Mais que dis-je, vivre et mourir pour la patrie? Peuple trop crédule, ce n'est pas de tes droits que s'occupent tes mandataires, c'est de leurs intérêts, de leur prééminence, des moyens d'assurer leur empire. S'ils songent à toi, ce n'est que pour s'assurer de ton aveugle soumission. »

Dans le même numéro : A voir les relations réciproques des députés au pacte fédératif, l'opposition de leurs intérêts et de leurs principes, l'opposition de leurs vues et de leurs sentiments, comment le même serment pourrait-il les unir? »

« La formule du serment n'est pas simplement déplacée, elle est encore monstrueuse et absurde. On y voit représentés, comme parties du souverain, la nation, la loi et le roi, alliage ridicule qui n'annonce qu'un gouvernement replâtré, non une constitution fondue d'un seul jet pour un peuple libre. Or, à quel titre les citoyens pris collectivement, c'est-à-dire la nation elle-même, jureront-ils fidélité au roi, sans le reconnaître pour leur maître? Je dis mieux, je ne vois paraître dans ce pacte qu'un prétendu souverain, le roi. Je n'y vois point la nation, car les membres de l assemblée nationale n'y seront que des hommes privés, puisqu'ils y prêteront eux-mêmes serment de fidélité au prince. »

Le 18 Juillet 1790 : « Citoyens, c'est un jour de triomphe pour vos ennemis que celui de l'anniversaire de la révolution. Que ne peut point l'astuce ministériel? Un moment a suffi pour vous enlever les fruits de vos sacrifices, de vos travaux, de vos combats; de vos victoires.

« Et vous, soldats de la patrie, ne réfléchirez-vous jamais à la noirceur de leurs attentats?...

« Vous avoir fait jurer fidélité au roi, c'est vous avoir rendus sacrés les ennemis qui ne cessent de conspirer sous son nom contre votre liberté, votre repos et votre bonheur.

« Vous avoir fait jurer de maintenir la constitution avant qu'elle soit ratifiée, c'est vous avoir rendus garants de tous leurs décrets, de ceux même qui sapent et qui détruisent vos droits les plus sacrés...

« Aujourd'hui, forts de votre appui, si vous refusez de soutenir l'oppression et la tyrannie, ils vous rappelleront vos serments et vous pousseront à devenir les oppresseurs de vos compatriotes dans la crainte de vous parjurer. Telles sont les suites funestes de votre serment téméraire. »

« Dans le même numéro : « En gémissant sur le sort de l'humaine nature, en déplorant son aveuglement, gardons-nous d'avilir les cœurs. Non, mes chers compatriotes, votre âme n'est fermée ni à l'honneur ni au devoir ; mais vous avez manqué de prudence. »

Plus loin : « A la première trahison palpable, votre audace servira d'étincelle à l'embrasement qui doit les anéantir. »

Le 30 Juillet 1790. « Il y a quelques jours que les airs retentissaient encore des cris d'allégresse, une joie stupide éclatait sur tous les fronts et la trop confiante multitude, éblouie par des fêtes pompeuses et séduite par de faux dehors de fraternité, croyait ses ennemis écrasés pour toujours, insultait à leur défaite et chantait son triomphe ; tandis que les soldats de la patrie, accourus de tous les coins du royaume, donnaient la main de paix à leurs mortels ennemis sur les autels de la liberté, et s'engageaient stupidement à servir d'instruments de fureur à un législateur corrompu, à des ministres perfides. Cependant un seul citoyen dans la capitale détournait les yeux de dessus cette cérémonie trompeuse, levait les mains au ciel, gémissait sur l'aveuglement de ses compatriotes et s'efforçait, en vain, par des cris d'alarme, de leur découvrir l'abîme creusé sous leurs pas. Qu'y a-t-il gagné ? De passer pour un visionnaire, un furieux, et de faire mettre sa tête à prix.

« Aujourd'hui tout est changé. Un sombre silence a succédé à ces transports insensés. »

Le 10 Octobre 1790, après avoir montré les trahisons de Lafayette, il lui reproche de faire entrer dans l'armée parisienne des hommes vendus à ses ordres, à la tête desquels il met des spadassins, des banqueroutiers, des espions, dont il se servira pour faire trembler les citoyens.

Le 25 Juin 1791 (fuite du roi) : « Si l'Assemblée nationale n'était pas complice des trahisons de Louis XVI, elle l'aurait donc déclaré déchu du trône, et elle aurait expédié à l'instant cette déclaration à tous les Corps administratifs du royaume, pour être publiée solennellement. Mais elle a évité avec soin de s'expliquer sur ce sujet ; elle a fait insinuer dans le public que le Monarque a été enlevé par les ennemis de la patrie, comme si, après la prestation du serment du Monarque, on pouvait douter encore qu'il ne se soit révolté contre la nation, et elle ne songe qu'à endormir le peuple en lui annonçant qu'elle ne va plus s'occuper que des moyens de pourvoir à la sûreté de l'Etat. Vous auriez cru qu'elle allait commencer par retirer la confiance de la nation à d'indignes ministres qui ne surent qu'en abuser, et qu'on peut regarder comme les premiers auteurs de toutes les machinations. Cette précaution était dictée par la prudence, et le soin du salut de la patrie lui en faisait une loi indispensable. Rien moins que cela, elle les confirme chacun dans leur place. Et c'est avec ces ennemis du peuple qu'elle prétend se concerter sur toutes les mesures à prendre pour assurer la liberté. Elle leur en abandonne même aveuglément l'exécution ! puis elle a recours au renouvellement d'un serment tant de fois violé et violé avec tant d'audace. »

Le 5 Juillet 1791 . « Ce projet d'invasion générale est donc démontré par des faits notoires. Toutes les mesures étaient prises à point nommé par les conspirateurs fugitifs et les puissances ennemies pour l'exécuter à la fois dans tous les points du royaume » Plus loin · « Aujourd'hui vos implacables ennemis ont changé de plan, ils veulent vous attaquer dans vos murs, c'est là que l'infernal Mottier s'apprête à porter la désolation et la mort »

Le 20 Juillet 1791 (Massacre du Champ de Mars) : Par leurs lâches artifices, par leurs ordres barbares, le sang des meilleurs citoyens a coulé à grands flots dans toutes les parties de l'empire. Il a souillé le sol de Vernon, de Poitiers, du Mans, de Saint-Jean-d'Angely, de Toulouse, de Montauban, de Nîmes, de Cavaillon, de Toulon, d'Aix, de Marseille, de Strasbourg, d'Hagneau, de Lille, de Nancy, de La Chapelle Il vient de souiller sous nos yeux le Champ de Mars. Le sang des vieillards, des femmes et des enfants massacrés autour de l'autel de la patrie fume encore, il crie vengeance, et le législateur infâme vient de donner des éloges et de voter des remerciments publics à leurs cruels bourreaux, à leurs lâches assassins. »

Le 22 Août 1791 (Massacre du Champ de Mars) : Quel cœur honnête ne se soulèverait pas d'indignation en voyant ces barbares foudroyer une multitude sans armes, poursuivre l'épée dans les reins ceux dont la frayeur précipitait les pas, massacrer les vieillards, éventrer les femmes grosses, égorger les enfants à la mamelle dans les bras de leurs mères, en fouler les cadavres aux pieds, faire du Champ de l'union fraternelle une affreuse boucherie, se baigner dans le sang de leurs concitoyens, de leurs frères, et se reprocher encore de n'en avoir pas assez versé. Quel cœur assez dur ne se fendrait de douleur, en voyant ces satellites, ces chefs, ces magistrats, faire un crime aux parents éplorés de leur redemander, l'un, une épouse, un enfant, un père, l'autre, un frère ou un ami ; suspendre leurs lamentations par des menaces, étouffer leurs soupirs par la crainte, fermer leurs cœurs aux cris de la nature, pour cacher le nombre de ces horribles assassinats? »

Le 26 Septembre 1792 dans le *Journal de la Republique*, il approuve la Convention d'avoir rejeté le serment Il rappelle qu'il est le seul en France qui se soit, dans le principe, opposé à la prestation du serment civique dont l'Assemblée constituante et l'Assemblée législative « avaient fait un lien de servitude »

www.ingramcontent.com/pod-product-compliance
Lightning Source LLC
LaVergne TN
LVHW012330100826
845148LV00017B/680

* 9 7 8 2 0 1 2 7 2 4 6 7 9 *